Piratas de andar por casa

Jeremy Strong

Piratas de andar por casa

Ilustraciones: Davi

edebé

Título original: *The Indoor Pirates*

First published by Dutton (the Penguin Group)

Paseo de San Juan Bosco, 62
08017 Barcelona
www.edebe.com

Directora de la colección: Reina Duarte
Diseño de las cubiertas: César Farrés
Traductora: M.Carmen Llerena
Ilustraciones: Davi

8.ª edición

ISBN 978-84-236-7690-3
Depósito Legal: B.8300-2010
Impreso en España
Printed in Spain
EGS - Rosario, 2 - Barcelona

Índice

1
Presentación de los piratas

Parchete descendía de una numerosa familia de piratas, y además llevaba un parche, aunque no en un ojo, sino en la manga de su chaqueta, que se le había enganchado con una uña.

Sus abuelos habían sido piratas. También su padre y su madre fueron piratas, así que parecía evidente que también él debía ser pirata. Y ya era mala pata, porque a Parchete no le gustaba nada el mar. En realidad, no le gustaba el agua en general: ni para beber, ni

para bañarse, ni para lavar... Pero sobre todo odiaba el agua del mar. Parchete esperaba no tener que subirse nunca a un barco.

Un día recibió carta de su bisabuela, que era muy anciana. Tenía ciento siete años, y también llevaba parches: uno en el vestido, uno en la chaqueta de cuero (le encantaban los puros y la había quemado fumando) y otro como tirita en el dedo gordo, donde se había cortado sin querer. La herida tenía tan mal aspecto, que la bisabuela se dio cuenta de que era demasiado viejecita para cuidarse ella sola. Quería que su biznieto se fuera a vivir con ella y la cuidara. La carta puso a Parchete muy contento. ¡Viviría en tierra firme!

Y para allí se marchó. Cuidó muy bien de su bisabuelita hasta que la pobre murió (para entonces tenía ya ciento doce años). La bisa-

buela le dejó a Parchete su casa, pidiéndole que la cuidara.

Lo primero que hizo entonces Parchete fue escribir una carta. Era para todos sus amigos marineros que tampoco soportaban el mar, y los invitaba a vivir con él en el número 25 de la calle Delfín.

Así fueron los comienzos de los piratas de andar por casa.

Por un lado estaba Calvete. Tenía unos músculos enormes y era muy forzudo. Podía levantar a dos personas a la vez, una con cada brazo. No tenía ni un solo pelo en su pelada cabeza. En cambio, justo en medio de la calva, lucía un vistoso tatuaje de una rosa; debajo se leía: TE QUIERO, MAMÁ. A Calvete no le gustaba salir a la mar porque se perdía sus programas favoritos de la tele.

Luego estaban Polly y Molly, las gemelas. Eran exactas, sólo que Polly llevaba el cabello recogido en una coleta tras la oreja derecha y Molly tras la izquierda. Estaban siempre, SIEMPRE, discutiendo. Dijera lo que dijera una, la otra la contradecía, aunque fuese una tontería.

—Somos hermanas —decía, por ejemplo, Polly.

—¡No, no lo somos! —replicaba Molly, y añadía, pensando intensamente con las cejas fruncidas—: ¡Somos... hermanos!

—Eres boba —respondía Polly.

—Boba serás tú —decía Molly, y así continuaban.

A las gemelas no les gustaba el mar porque no sabían nadar.

El quinto y último pirata de andar por ca-

sa era Tropezón Lawson. Y no es que fuera torpe. Al contrario, era ágil y bastante flaco, a pesar de su entusiasmo por la comida. Por mucho que comía, no engordaba. Tropezón Lawson se encargaba de la cocina (y casi siempre de la compra también). Cuando hacía besamel para preparar croquetas, siempre le salían unos grumos gigantescos, y por eso le llamaban Tropezón. No le gustaba ir en barco porque, si intentaba hacer sopa en alta mar, se le derramaba de la cazuela. La sopa hirviendo le caía sobre los pies y le hacía pegar saltos gritando palabrotas muy, pero que MUY feas, como «¡mecachimengues!» y «¡recorchijopelines!».

Desde luego, no podía haber cinco piratas sin un jefe, y el capitán Parchete decidió que

sólo había una solución, es decir, que él mismo fuera el jefe. Por los siguientes motivos:

1. La casa era suya.
2. Lo había dicho él.
3. Gritaba más que los demás.
4. Le gustaba mandar.
5. Ver 2.

Así, la primera decisión de Parchete fue nombrarse capitán. Luego nombró a Tropezón Lawson cocinero de a bordo y a Calvete como su ayudante. Por último les dijo a las gemelas que las pasaría por la quilla si no dejaban de discutir inmediatamente.

Los piratas de andar por casa no querían que nadie supiera dónde vivían, así que quitaron el número de la puerta y colgaron de la chimenea una bandera con una calavera y unos huesos cruzados. Todos los vecinos se

percataron en seguida de que había piratas en el barrio, pero no les importó, porque los piratas de andar por casa se pasaban casi todo el tiempo en su casa (por eso les pusieron ese nombre). Incluso la señora Bisop, de la casa de al lado, de vez en cuando le regalaba a Calvete las flores que cortaba de su jardín, porque le parecía un chico muy majo.

Además, los piratas no eran muy buenos en su oficio. Para empezar, como no les gustaba el mar, no tenían barco. (Tenían varios barquitos para jugar en la bañera, pero no tenían un barco pirata, de tamaño natural, con muchas velas, cañones y cuerdas.)

A ellos les gustaba mucho su casita, aunque vivían un poco apretados, pues sólo tenía tres habitaciones. El capitán se había apropiado de la mayor (¡qué raro!), así que

las gemelas compartían las literas de una habitación y Calvete y Tropezón Lawson compartían el otro cuarto. Tropezón tenía una hamaca, porque le gustaba dormirse meciéndose.

A los piratas de andar por casa les gustaba imaginarse su casa como si fuera un barco, aunque no estuvieran en el mar. Habían quitado todas las escaleras y las habían sustituido por aparejos de cuerda. Además, habían pintado las paredes de azul con nubecillas blancas y habían colgado del techo gaviotas de plástico.

Como les preocupaban los posibles ataques de otros piratas, junto a las ventanas tenían siempre un buen número de armas: catapultas, espadas y varios cubos grandes con agua de fregar. (Todos los piratas piensan que

empapar a un enemigo con agua era LO PEOR que le podían hacer.)

Los piratas de andar por casa eran muy felices en el número 25 de la calle Delfín. Durante un par de meses todo transcurrió en calma, como una balsa de agua (aunque a Parchete no le gustara la idea), pero no tardaron en empezar los problemas.

2
Llega el cartero

Una mañana, el capitán Parchete estaba planchando en el vestíbulo, rodeado de montones de ropa. Normalmente, el capitán se las componía para escaquearse de planchar (por no hablar de cocinar, limpiar, quitar el polvo, lavar los platos, pasar la aspiradora y regar el jardín). Pero esta vez le había tocado pasar calor, y estaba harto y de mal humor.

Le parecía que llevaba al menos dos horas planchando, pero el montón seguía siendo tan alto como un armario. De pronto, soltó la

plancha de golpe sobre la tabla de planchar, que dejó una marca negra y un olor asqueroso a quemado.

—¡Esto es ridículo! —exclamó—. Los piratas no deberían planchar. Deberíamos tener esclavos trabajando para nosotros.

—¡Qué buena idea! —dijo Polly.

—¡Qué dices! —saltó de inmediato Molly—. Es una idea estupenda.

—¡Eso he dicho yo, más o menos! —gritó Polly.

—No.

—Sí.

—No.

—Sí.

—¡CALLAD! —rugió el capitán Parchete—. Se me ha ocurrido un plan genial. Nos esconderemos todos tras la puerta y espera-

remos a que alguien llegue. Cuando llame, saltamos y lo cogemos. Lo arrastramos al interior y le hacemos prisionero. Luego —y aquí el capitán tomó aliento antes de proseguir con orgullo—, le decimos: «¡Eres nuestro esclavo y tienes que hacer todo lo que te digamos o te torturaremos!» Y se asustará tanto que lo hará todo..., especialmente planchar.

Los piratas de andar por casa estuvieron de acuerdo en que era un plan genial y fueron a agacharse tras la puerta. Formaban un montón, todos apretujados. Calvete parecía preocupado, y por fin dijo:

—No hace falta que lo torturemos, ¿verdad?

—Somos piratas —refunfuñó el capitán Parchete—. Tenemos que hacer daño.

—Ya lo sé, ya lo sé. Pero..., ¿no podríamos decir que lo torturaremos y no hacerlo de verdad?

Parchete suspiró, pero antes de que pudiera contestar, le interrumpió la discusión de las gemelas.

—Deja de empujar —se quejó Molly.

—No empujo, estiro —dijo Polly.

—¡Pues deja de estirar!

—¡Ahora estoy empujando!

—¡Chitón! —dijo Tropezón, espiando por la rendija para el correo que había en medio de la puerta—. Viene alguien por el jardín.

La tapa del buzón se abrió ante las narices de Tropezón y, para su sorpresa, le metieron una carta en la boca. El capitán Parchete no hizo caso de los lamentos de Tropezón y gritó:

—¡Al abordaje! ¡Cogedlo!

Los piratas de andar por casa se levantaron de un salto, tropezaron unos con otros y volvieron a caer en el acto hechos tal lío que sus cabezas quedaron atrapadas entre las piernas. Los brazos parecían salirles de las orejas y el conjunto tenía el aspecto de un campo de batalla. De pronto, la puerta se abrió despacito y el cartero se quedó embobado ante el agitado montón de piratas, uno de ellos con una carta en la boca.

El cartero estaba tan asombrado que se quedó allí petrificado. Eso dio tiempo de sobra a los piratas para ponerse en pie. Calvete alargó sus musculosos brazos, agarró al cartero y lo metió en la casa. Lo sentaron en una silla del trastero y todos los piratas se agruparon a su alrededor, mirando fieramen-

te a su víctima. Tropezón Lawson acercó mucho la cara a la del cartero y le enseñó los dientes, amenazador. (Ya se había quitado la carta de la boca.)

—¡Somos tus esclavos y haremos todo lo que digas! —susurró.

—¡No lo haremos! —gritó Polly.

—¡Sí lo haremos! —chilló Molly.

—Que no, que no lo haremos, idiotas. No somos sus esclavos. Él es nuestro esclavo.

El capitán Parchete se movía de un lado al otro, y gruñó de nuevo:

—¡Besugos! ¡Dejadme a mí! Escúchame atentamente, señor correo. Eres nuestro esclavo y tienes que hacer todo lo que digamos. ¿Vale?

El cartero los miraba perplejo. Se quitó las gafas y empezó a limpiarlas con la camisa.

—Lo siento mucho —dijo—, pero hoy no puedo ser vuestro esclavo porque ya trabajo como cartero.

Esta inesperada respuesta dejó a los piratas de andar por casa con el ánimo por los suelos, menos a Calvete, que pareció bastante aliviado.

—¿Entonces no tenemos que torturarte? —preguntó.

—Huy, no, qué va —confirmó el cartero, y volvió a ponerse las gafas con cuidado—. Yo no recomendaría comportamientos tan bárbaros.

Calvete se quedó muy contento al oír aquello, pero de pronto Tropezón soltó un aullido de terror. Se puso blanco como el papel y enseñó la carta que el cartero acababa de entregarles. Se la dio al capitán Parchete, quien

la leyó, puso los ojos como platos y luego tuvo que sentarse en un sillón para reponerse del susto.

—¿Qué es? —susurraron las gemelas.

—¡La factura de la luz! —anunció el capitán, como si dijera que la Tierra había explotado y todo el mundo había muerto—. Si no pagamos antes de cuatro semanas, nos la cortarán.

—¿Nos la cortarán? —repitió Calvete, rascándose la cabeza tatuada—. ¿Qué quiere decir eso?

—Que te cortarán las piernas —dijo Polly.

—No —corrigió Molly—, que te cortarán los brazos.

—Y además las piernas —insistió Polly—. Y la cabeza. Y la nariz. Y las orejas, y el pelo y…

—Perdonad —dijo el cartero—. Quiere decir que la compañía eléctrica interrumpirá el suministro si no pagáis la factura. Si os cortan la electricidad, os quedaréis sin luz. No podréis cocinar, ni ver la tele ni nada.

—Eso mismo iba a decir yo ahora —refunfuñó el capitán—. ¿Cuánto dinero tenéis?

Los piratas de andar por casa se vaciaron los bolsillos e hicieron un montoncito en la mesa. En total tenían: un clip para papel, tres gomas, mucha pelusa, una navaja rota, una foto muy arrugada con autógrafo del capitán Garfio y unas cuantas monedas.

El capitán Parchete frunció las cejas.

—No es suficiente. Necesitamos diez veces más. ¿De dónde narices vamos a sacar el dinero?

Miró a los demás piratas, y ellos le devol-

vieron la mirada con caras asustadas y desorientadas.

—¡Pensad! —ordenó el capitán—. ¡Concentraos!

Todos guardaron un profundo silencio. Los cinco piratas recorrían la habitación con extrañas muecas, que demostraban lo concentrados que estaban. Por fin, Parchete soltó un grito triunfal.

—¡Ya lo tengo! ¡Pediremos un rescate por el cartero! Lo retendremos como prisionero y enviaremos una nota a la oficina de correos diciendo que tienen que pagarnos... un millón, o nunca les devolveremos al cartero.

—¡Genial! —exclamó Tropezón—. ¡Seremos ricos!

Incluso Calvete pensó que era una buena idea, y eso que el cartero le caía simpático.

El capitán Parchete se sentó a la mesa y escribió con cuidado una nota pidiendo el rescate.

Kerido Correos:
Tenemos al cartero.
¡¡¡Dar nos un millón o no lo beréis nunka MAS!!!
Firrmado: los Piratas de Andar por Casa.

Capitan Parchete Calbete — Tropecon Lauson

Moli — Poli

¡yo, no ella! — ¡yo, no ella!

—Ahora, sólo tenemos que mandar la carta a la oficina de correos —dijo el capitán Parchete con una risita—. ¡Pronto seremos ricos como los reyes!

El cartero se puso en pie y sonrió a todos.

—Precisamente yo me dirigía a la oficina de correos. Si queréis, os llevo la carta.

—Qué amable —el capitán Parchete se quedó encantado—. ¡Qué cartero tan atento! Muchísimas gracias. La entregarás personalmente, ¿verdad?

—Claro —dijo el cartero—. Es mi trabajo.

Cogió la nota de rescate, salió por la puerta y se alejó por la calle arriba, silbando alegremente.

Los piratas de andar por casa vieron cómo se iba y luego corrieron a la puerta, donde se sentaron a esperar el regreso del cartero con su millón.

Mientras esperaban, Tropezón Lawson preparó té para todos, con tropezones (porque dejó las bolsitas en las tazas).

Se tomaron el té y esperaron.

Llegó la hora de comer, y pasó. Llegó la hora de la merienda, y pasó.

Por fin, el capitán Parchete se puso en pie.

—Me temo que el cartero se ha perdido —murmuró.

—¡Quizá le ha raptado algún desaprensivo! —sugirió Calvete con rabia.

—¿Qué hacemos con la factura de la luz? —se lamentó Tropezón—. Si no podemos usar la nevera, la mitad de nuestra comida se estropeará.

El capitán Parchete empezó a trepar por la cuerda que llevaba a su cuarto de capitán:

—Yo no puedo pensar más por hoy. Ya he tenido dos ideas geniales en un día y estoy agotado. Espero tener otra idea genial cuan-

do me despierte mañana por la mañana. Seguro que a nadie más se le ocurre algo útil —gruñó, mirando ceñudo a su tripulación desde lo alto—. Me voy a la cama. Cerrad las escotillas. ¡Buenas noches!

—¡Buenas noches! —dijo Molly.

—¡Buenos días! —replicó Polly.

3
El barco del tesoro

En la calle Delfín se oía un gran estruendo. El camión de la basura avanzaba despacio por la calzada. Los basureros recogían las basuras de todas las casas y las lanzaban a la parte trasera del camión. Los piratas de andar por casa tenían dos bolsas de basura y Polly las acercó al camión.

—¡Cuánta porquería hay aquí dentro! —observó—. No sabía que hubiese tanta basura.

Fred se secó su colorada cara con un gran pañuelo sucio.

—Es increíble lo que llega a tirar la gente —dijo, sacudiendo la cabeza con incredulidad—. Algunas veces, este camión parece el cofre del tesoro.

A Polly casi se le caen los ojos a la altura de los calcetines, pero intentó parecer lo más tranquila posible:

—¿Ah, sí? —preguntó—. ¿Hablabas de un tesoro, no?

—Todas las semanas —asintió Fred, guardando su pañuelo en la gorra de béisbol antes de ponérsela de nuevo— recogemos televisores viejos, batidoras..., todo tipo de cosas que todavía funcionan. ¡Un montón de cosas útiles!

Justo cuando Fred decía «cosas útiles», su compañero Tony estornudó con tanta fuerza que tapó sus palabras, pero Polly estaba se-

gura de que Fred había dicho «un montón de rubíes» y no se preocupó por escuchar nada más. Para cuando Fred acabó de contar con su dedos rechonchos todos los tesoros («palas viejas, sierras, martillos, destornilladores...»), Polly ya estaba en el jardín de su casa.

Entró tan emocionada que casi rompe la puerta. Trepó por las cuerdas e irrumpió en el camarote del capitán, donde Parchete desayunaba en la cama. (Parchete desayunaba en la cama todos los jueves. Y todos los martes. Y los domingos, viernes, lunes, miércoles y sábados.)

Polly le contó lo del camión de basura lleno de tesoros. Al principio, Parchete se quedó muy sorprendido. Se preguntaba por qué usarían un camión de basura para llevar joyas.

—¿No lo entiendes? —gritó Polly—. ¡Es

una tapadera! ¡A nadie se le ocurriría buscar piedras preciosas en un camión de la basura!

¡Claro! Tenía que ser una tapadera. Parchete esbozó una sonrisa de orejota a orejota. Esos basureros eran listísimos... ¡Mira que esconder rubíes en la basura!

De esta forma, también el capitán Parchete se emocionó, tanto que untó la mantequilla en la espalda de su osito de peluche. Llamó a gritos al resto de la tripulación, que entró a toda prisa.

—¡Buen trabajo, Polly! —dijo el capitán—. ¡Rayos y truenos, chicos, nos haremos ricos! ¡Podremos pagar la factura de la luz de los próximos mil años!

—¿Y cómo conseguiremos el tesoro? —preguntó Calvete, esperando no tener que pegar a nadie.

El capitán Parchete saltó de la cama, aunque iba sin pijama (se había acostado vestido, como siempre) y miró a su tripulación con una fiera sonrisa:

—Esperaremos hasta que el barco del tesoro navegue por nuestra calle y entonces... ¡nos los merendamos!

—¡Hurra! ¡Merendaremos! —exclamó Tropezón—. Tengo un hambre hoy... Prepararé un buen potaje de garbanzos, y empanadillas, y rollitos de primavera, y, de postre, unos pastelillos de chocolate con azúcar por encima, y tocinitos de cielo...

—No me refiero a la comida, tontorrón —gruñó el capitán—. «Nos los merendamos» quiere decir que los atacaremos y acabaremos con ellos. Saltaremos al abordaje hasta el barco enemigo, con nuestras espadas, col-

gados de nuestras cuerdas, y obtendremos el botín.

Tropezón Lawson se quedó cabizbajo:

—¿Y el potaje? ¿Y los pastelillos? ¿No comemos todavía? —preguntó.

Los demás piratas negaron tristemente con la cabeza. Casi les apetecía más el banquete que les había descrito Tropezón. Aunque, al menos, conseguirían un tesoro.

—¡Seré rica! —dijo Polly, frotándose las manos.

—¡Tú no! —respondió Molly—. ¡Yo seré rica!

—Eso he dicho: que «yo seré rica» —repitió Polly.

—No, eso lo he dicho yo: yo seré rica —insistió Molly.

—¡CALLAOS! —vociferó el capitán Parchete—. Que todo el mundo coja su espada.

Tenemos una semana antes de que el barco del tesoro de la basura vuelva y hemos de entrenarnos todo lo posible para hacerlo a la perfección el gran día.

Los piratas de andar por casa cogieron sus espadas y practicaron saltos con cuerda y luchas ruidosísimas y peligrosísimas con espadas. Siempre usaban espadas de madera.

Tiempo atrás, tuvieron unas de verdad, de metal. Las llevaban colgadas de sus cinturones, pero cada vez que desenvainaban, se cortaban el cinturón y se les caían los pantalones. Entonces el capitán Parchete decidió que las espadas de madera eran mucho mejores.

Se entrenaban todos los días. Sólo se interrumpieron una vez, cuando Calvete se dio cuenta de que había desaparecido su peluche.

Se armó un jaleo terrible y nadie era capaz de consolarle. El capitán Parchete le ofreció su osito, que todavía estaba bastante pringoso.

—¡No quiero tu osito, quiero el mío! —se lamentaba Calvete—. Lo tengo desde hace años y es mi mejor amigo.

—Deja de lloriquear —se quejó Molly—. Te dejo mi cepillo de dientes, con forma de dinosaurio.

—No, te dejo mi cepillo-dinosaurio —prometió Polly—, que es más grande y mejor que el suyo.

No había manera: Calvete quería su osito y era lo único que no encontraba. Buscaron por toda la casa, de arriba abajo, de un lado a otro y de dentro afuera. Calvete no dejó de lamentarse hasta que llegó el día de la reco-

gida de basura y los piratas de andar por casa empezaron a prepararse para robar todas las piedras preciosas del camión de basura.

Molly puso dos bolsas de basura junto a los árboles, una a cada lado de la calle. Los piratas cogieron sus espadas y se encaramaron a las frondosas ramas.

—Esperad mi señal —susurró Parchete, espiando entre las hojas.

Los piratas estaban agarrados a sus cuerdas.

—¿Después tomaremos bizcocho de chocolate? —murmuró Tropezón Lawson.

—Si conseguimos el tesoro —contestó el capitán—, podrás zamparte un bizcocho de chocolate tan grande como un barco. Escuchad..., ¡ya vienen!

Con gran estruendo y traqueteo, el camión

de la basura se detuvo entre los dos árboles y Fred y Tony saltaron para recoger las bolsas. Un gran grito surgido del interior del árbol los sorprendió:

—¡Al abordaje! ¡A por ellos!

Y con las espadas fuertemente sujetas entre los dientes, los piratas de andar por casa entraron en acción.

Tropezón Lawson olvidó agarrarse a la cuerda y se pegó un trompazo contra el suelo.

—¡Retuétanos!

Calvete se estrelló contra el camión. Los ojos le daban vueltas como si estuvieran en un tiovivo.

Molly y Polly aterrizaron encima del camión y se pusieron a pelearse entre ellas, sin acordarse de que luchaban en el mismo bando.

El capitán Parchete voló hasta la cabina del conductor y se asomó por la ventana abierta. Miró salvajemente a David, el conductor:

—¡Salmonón! ¡Tiburonzoto!

—¿Cómo dice? —preguntó David, contemplando aquella furiosa cara con barba.

—¡Salmonón! ¡Tiburonzoto! —bramó Parchete.

David apoyó sus brazos velludos en el volante.

—Si te sacases esa espada de la boca, podría entender lo que me dices —le sugirió con calma.

El capitán seguía cogido a la cuerda con las dos manos, e hizo un esfuerzo por escupir la espada.

—¡¡Puajj!! ¡Sal del camión! —gritó—. ¡Tira el tesoro!

—¿Qué tesoro? —preguntó David—. No tenemos ningún tesoro. Aquí no hay más que basura.

—¡Ja! —soltó Parchete—. ¡Sabía que dirías eso! Te crees que soy idiota, ¿verdad?

—Sí —admitió David—. Porque lo eres.

Fred y Tony se dieron un codazo y soltaron una risita.

—A mí no me engañáis —refunfuñó el capitán—. Si no me dais el tesoro, os cortaré los brazos y nadaréis en vuestra propia sangre.

—No creo —dijo David—. Si nos cortas los brazos, no podremos nadar.

—¡NO DISCUTAS! —tronó el capitán Parchete—. Hemos tomado el barco y ahora queremos los brillantes, así que vais a descargarlos en nuestro jardín. ¡VAMOS!

Los basureros se miraron y se encogieron de hombros. Tony se caló la gorra sobre su cara de comadreja.

—Siempre pensé que los piratas estaban un poco chiflados —murmuró.

—Mejor hagamos lo que dicen —dijo Fred—. El cliente siempre tiene la razón.

David frunció el ceño al ver la espada del capitán. La punta casi le tocaba la nariz.

—Deja de pincharme y retrocederé hasta vuestro jardín —dijo.

El motor zumbó y rugió. La caja del camión se inclinó más y más y, con un repentino ¡patapumba!, descargó toda la basura. En pocos minutos el jardín se llenó de una montaña apestosa de porquería.

—¡Que os aproveche! —gritó David.

Tony y Fred saltaron al camión a su lado,

y se marcharon juntos para hacer la pausa del bocadillo.

—¡Maravilloso! —gritó Polly.

—Es más que maravilloso —replicó Molly—: es... *¡tierravilloso!*

—*¿Tierravilloso?* —preguntó Polly—. ¿Qué es *tierravilloso*?

—Mejor que maravilloso, porque a mí no me gusta el mar. Prefiero la tierra. Si fuera mejor aún, sería *cielovilloso*.

—Eres el ser humano más estúpido de todo el mundo —masculló Polly, y se dirigió al montón apestoso.

Los emocionados piratas sacaban bolsas y las vaciaban. Sumergían los brazos entre raspas de pescado, calcetines olorosos, envolturas de queso mohosas, tomates pringosos y pizzas pastosas, en busca de las joyas.

—¿Alguien ha encontrado algo? —preguntó con aspereza el capitán, intentando apartar varios cientos de moscas que parecían encontrarle muy atractivo.

—Yo he encontrado un martillo viejillo —dijo Molly.

—Y yo algo mejor: un serrucho nuevucho —contestó Polly.

—¡Mentira!

—¡CALLAD! —cortó el capitán, levantándose—. Aquí hay gato encerrado. Los basureros han debido de sospechar de nosotros desde el principio y han escondido las joyas en otro sitio. Esto no es más que un montón de basura asquerosa. Aquí no hay nada de nada.

—¡Eh, sí que hay! —exclamó Calvete triunfante—. Mira lo que he encontrado: ¡mi osito! Estaba justo debajo del montón.

Calvete le limpió una mancha de fabada de la barbilla y en su cara se dibujó una amplia sonrisa. Por fin estaba contento.

En la casa vecina, se abrió una ventana y se asomó la señora Bisop.

—¡Capitán Parchete!, espero que no deje ahí esa porquería apestosa toda la semana —dijo, acusadora, y miró fríamente a los piratas.

Parchete apretó los dientes:

—Claro que no, señora Bisop. Mi tripulación estaba a punto de recogerlo todo.

Y mientras la tripulación se ocupaba de las basuras, Parchete ocupó el cuarto de baño.

Llenó la bañera y se metió vestido. Al fin y al cabo, la ropa estaba tan sucia como él. Se quedó allí una hora, refunfuñando y lamentándose por lo bajo, y pensando en cómo

iban a pagar la factura de la luz. El barquito de plástico que había estado bombardeando con trocitos de jabón se hundió y el capitán Parchete cerró los ojos.

Fuera del cuarto de baño, cuatro piratas malolientes esperaban pacientemente su turno para el baño.

—Apestas —decía Molly.

—Tú sí que apestas —repuso Polly.

Calvete olisqueó el aire:

—Me parece que aquí apestamos todos —observó tristemente, y oyeron los fuertes ronquidos que llegaban de detrás de la puerta del cuarto de baño.

4
La búsqueda continúa

Tropezón Lawson fue el primero en ver el anuncio. Había ido de compras y estaba contando, muy concentrado, cuántas monedas les quedaban para los víveres importantes: huevos, beicon, chocolate, cereales, chocolate, patatas fritas, fruta, galletas (de chocolate), leche y chocolate. Y allí, en el escaparate del supermercado, estaba el anuncio:

Tropezón casi tira la compra en sus prisas por volver al número 25 de la calle Delfín. Hizo todo el camino corriendo y, cuando llegó, casi no podía hablar. Sólo jadeaba:

—Vamos a uf, uf, uf..., a... uff...

El capitán Parchete, que supervisaba medio dormido la buena marcha de las tareas del hogar hundido en un sillón, abrió un ojo furioso y miró con rabia al cocinero del barco.

—¿Qué? ¿Pero qué dices?

—Vamos a hacer... uf, uf..., a hacer...

—¡Calamares y chipirones! —gritó el capitán—, ¡domínate!

—Ya lo domino yo, capitán —se ofreció Calvete, rodeando el cuerpo de Tropezón con sus musculosos brazos y levantándolo del suelo.

Tropezón agitaba las piernas y los brazos

desesperadamente, intentando respirar. El capitán estaba fuera de sí:

—¡No quiero que lo domines tú, besugo! ¡Tiene que dominarse él solo! Mira... Se está poniendo morado... Suéltalo en seguida.

—Ah, perdón, capitán... —y Calvete lo soltó, obediente.

Tropezón cayó al suelo, y con él la compra. Se oyó un fuerte ¡plaf! y junto a Tropezón apareció un gran charco de leche, sobre el que cayeron varios huevos revueltos. Tropezón se puso en pie como pudo.

—¡Vamos a hacernos ricos! Se acabaron nuestros problemas. ¡Han organizado una búsqueda de un tesoro el sábado en el parque!

Y les habló a los piratas del cartel que había en el escaparate del supermercado.

—El sábado es mañana —dijo Molly.

—No, es el día después de hoy —replicó Polly.

—¡El día después de hoy es mañana!

—¡Que no! —insistió Polly—. El día después de hoy es el día antes de pasado mañana.

Molly todavía estaba intentando entenderlo cuando el capitán Parchete intervino.

—Chicos, sólo nos quedan cuatro días para que la compañía eléctrica nos corte la luz. Mañana tenemos que conseguir el tesoro del parque.

—¿En qué consistirá ese tesoro? —preguntó Molly.

El capitán se rascó su enmarañada barba.

—Supongo que habrá oro, y también plata. A lo mejor hay algunos collares de perlas

y anillos de diamantes. Pero imagino que tendremos que pelearnos por él. Habrá otros piratas. El anuncio decía que esperan a todos. Lo que necesitamos es un plan, y ¿quién es aquí el que organiza los mejores planes?

Los otros cuatro piratas cruzaron miradas perplejas. ¿Quién organizaba los mejores planes? No tenían ni idea. El capitán Parchete se pasó la mano por la cabeza:

—¡Pues yo, listillos de tres al cuarto! Dejad que me siente en este sillón bien cómodo para pensar mejor.

Y echó a los piratas de la habitación con un puntapié de zapatilla.

Tropezón Lawson volvió a ir, a regañadientes, al supermercado a por más leche y huevos. (También compró más chocolate.)

Calvete tejió un jersecito para su peluche.

Molly y Polly subieron a sus literas. Allí tuvieron una furiosa pelea y acabaron arrojando por la ventana cada una la ropa de cama de la otra. Menuda sorpresa se llevó la señora Bisop más tarde, cuando descubrió la almohada de Polly y el camisón de Molly sobre uno de sus preciosos rosales.

A la mañana siguiente, Tropezón preparó un *picnic* con tropezones para todos. (Preparó bocadillos de sardinas con sardinas enteras: incluyendo raspas y cabeza.) Los piratas cogieron sus espadas y salieron en dirección al parque.

—Aquí estamos, chicos —les dijo el capitán Parchete—. Cuidado con los piratas.

Desde luego, el parque estaba lleno de gente, aunque no parecía que hubiera más piratas. Había muchos niños y bastantes padres,

pero los piratas de andar por casa apenas se fijaron en la multitud. Habían visto algo tan maravilloso que no podían quitarle los ojos de encima ni dejar de suspirar profundamente.

Era una estructura para escalar: grande, pintada de rojo y verde chillón. Y como si eso no bastara, la estructura tenía forma de galeón pirata.

—Éstos son los barcos que a mí me gustan —dijo el capitán Parchete—. Anclados en el asfalto. ¡Vamos, a por él!

Los piratas desenvainaron sus espadas y corrieron entre los columpios, gritando y vociferando para ahuyentar a los niños del barco. Los niños corrieron en busca del guarda del parque para quejarse, mientras los piratas de andar por casa se hacían con su conquista.

—Es el mejor barco que hemos tenido —rió Polly.

—No —repuso Molly—, yo he estado en otro barco el doble de grande.

—Bueno, pues yo en uno el triple de grande —contraatacó Polly.

—¡Mi barco tenía mil cañones! —gritó Polly—. Y el mástil llegaba al cielo, y corría como un huracán... —jadeó.

Molly miró fijamente a su hermana:

—Bueno, pues mi barco era aún más grande —dijo, simplemente—. ¡Hala!

Polly sacó la espada y amenazó a su hermana con una lucha a muerte, pero el capitán Parchete estaba harto y le ordenó subir al mástil para hacer de vigía. Así escarmentaría.

Apenas Polly hubo tomado su posición, soltó un grito de alarma.

—¡Un pirata a estribor, capitán! —gritó.

En efecto: un guarda de rostro colorado, con grandes botas y bigotes tiesos, se acercaba a ellos, rodeado de un grupo de niños muy nerviosos.

—¡Eh, vosotros! —los riñó—. Los piratas adultos no pueden jugar aquí. Esto es para los niños.

—Me gusta tu sombrero —dijo Tropezón Lawson, admirado—. ¿Me lo regalas?

—¡Ni hablar! Este sombrero es propiedad del Departamento de Parques y Jardines —el guarda levantó entonces un rechoncho dedo amenazador—: ¡Vamos, largo de aquí, en seguida!

Pero los piratas de andar por casa no iban a dejar que les quitaran su barco nuevo así como así, y el capitán Parchete susurró algo al oído de Calvete.

—¡Uaaaaaah! —gritó Calvete, saltando de pronto por la borda.

Los niños chillaron y se dispersaron como pececillos asustados, mientras Calvete cogía al sorprendido guarda, se lo ponía debajo del brazo y volvía al barco.

—¡Bien hecho! —elogió el capitán Parchete—. Nuestro primer prisionero. Átalo ahí, a la plancha —y señaló el tobogán con el dedo.

Calvete llevó al agitado guarda a lo alto del tobogán y lo ató con fuerza a la barandilla. (Para entonces, Tropezón Lawson le había quitado ya el sombrero y lo llevaba puesto, muy orgulloso.) El pobre guarda del parque suplicó a gritos a los niños que lo rescataran, pero ellos tenían algo mejor que hacer.

Por todo el parque corrían niños en busca

de los huevos de Pascua que estaban escondidos debajo de los arbustos o en las ramas de los árboles. Los niños rápidamente encontraron los escondites y se llenaban los brazos de huevos envueltos en papeles brillantes. Polly soltó otro grito de emoción:

—¡Tesoro a la vista! —anunció—, ¡enormes joyas a montones a la vista!

Los piratas de andar por casa estaban asombrados. ¡En su vida habían visto semejantes rubíes, zafiros y esmeraldas!

—¡Ja! ¡Por fin seremos ricos! —gritó Parchete, blandiendo su espada—. ¡Tripulación, seguidme!

Los piratas recorrieron el parque, pinchando y aguijoneando con sus espadas, y recogieron joyas por todos los rincones. Los niños huían llorando y los piratas corrían con

los brazos llenos con su botín. Al acabar, volvieron al barco y reunieron sus tesoros. Se sentaron alrededor del montón y cogieron las joyas una por una.

—Mi rubí vale un trillón —suspiró Polly.

—Mi esmeralda vale más que el Banco Nacional —exclamó Molly.

—Y la mía vale más que todos los bancos del mundo —dijo Polly.

Molly miró con malicia a su hermana:

—Pues yo tengo más, ¡porque además tengo la tuya! —dijo, y le arrebató a Polly su huevo-esmeralda.

—¡Ay! —gritaron las dos cuando la joya se rompió en pedacitos.

Del envoltorio roto de papel de aluminio cayeron trocitos de chocolate.

Por unos instantes, los piratas contemplaron la joya rota, y luego, todos a una, se echaron encima de sus tesoros.

—¡Todos son iguales! —rugió el capitán Parchete—. Nos han estafado, no son joyas... ¡Son huevos de chocolate!

Tropezón Lawson se llevó un trozo a la boca y se lo comió, muy contento.

—Bueno, podría haber sido peor —señaló, y tenía razón, porque en ese preciso momento se les echó encima una avalancha de niños rabiosos.

Las víctimas del robo habían ido a buscar otra vez al guarda del parque y, cuando lo encontraron atado en lo alto del tobogán, lo soltaron en seguida. Ahora estaban listos para la batalla: cincuenta y siete niños, un guarda enorme y colorado (sin sombrero), tres perros y un poni (que daba paseos a los niños y se había escapado) llegaron corriendo y se abalanzaron sobre los piratas.

—¡Devolvednos nuestros huevos!

—¡Abajo los piratas!

Fue la pelea a tortazo limpio más grande y ruidosa que hubo nunca en el parque. Y los piratas se llevaron la peor parte, desde luego.

—¡Ayyy!

(Éste era Calvete.)

—¡Iiiiiih!

(Ésa era Polly.)

—¡Iiiiiih lo he dicho yo!

(Ésta, Molly.)

—¡Patapumba!

(Éste era Tropezón Lawson.)

Se formó una enorme nube de polvo y hierba de la que asomaban brazos, casi siempre detrás de un puño, o piernas, a rastras

por el suelo. Los huevos de Pascua salían disparados del torbellino humano, y también algunos tropezones de bocadillos de sardinas y un sombrero de guarda, para sorpresa de todos.

Por fin, los gritos, empujones y zarandeos cesaron. Los niños reunieron sus huevos, bastante deformados, y se marcharon muy contentos, y el guarda del parque se fue a quitar las abolladuras de su sombrero, así que los piratas de andar por casa se quedaron solos, perdidos en medio de una gran polvareda.

El polvo se depositó poco a poco y aparecieron ellos, atados todos en un montón.

—Quiero ir a casa —sollozó Calvete.

El capitán se preguntaba por qué había oscurecido tan pronto. (Le habían calado el sombrero hasta los ojos.)

Se quedaron quietos mucho rato, hasta que por fin el capitán Parchete se dio cuenta de que nadie iría a desatarlos. Después de varios esfuerzos, consiguieron ponerse en pie y se dirigieron a casa, avanzando por la calle como una extraña bestia marina de diez patas. Parchete no veía por dónde iban.

—¡Por aquí! —indicó Polly.

—¡Por AQUÍ! —gritó Molly.

—¡No empujes!

—¡Yo no empujo, *empretujo*! —dijo Molly.

—¡Eso no existe!

—Claro que sí. Es lo que se hace cuando no se está empujando.

Molly dio tal empujón a su hermana, que se cayeron los cinco y empezaron a rodar por la hierba.

—¡Esto es ridículo! —bramó el capitán Parchete—. ¿Qué ocurre? ¿Dónde estamos? ¡Estoy hasta las narices de vosotras dos! ¡Puaj!

Escupió un matojo de hierba que tenía en la boca y los piratas siguieron rodando, embalados.

Después de todo, fue una suerte que consiguieran llegar a casa.

5
Unos cuantos cambios

Las gemelas estaban discutiendo OTRA VEZ, concentradas en golpearse con las almohadas.

—¡Tú siempre coges la litera de arriba! —gritó Polly.

—¡No, mentira! —chilló Molly, dándole con tal fuerza a su hermana en la cabeza que la almohada se rompió y la habitación se llenó de plumas blancas—. ¡Tú llevas toda la semana durmiendo en la de arriba!

—¡Y tú, todo el mes! —gritó Polly.

—Pues tú, todo el año... y el año anterior, y el anterior y...

—¡Pues tú, todo el siglo! —chilló Polly, intentando asfixiar a su hermana con la almohada.

—¡Y tú, desde antes de que naciéramos!

—Basta... ¡BASTA! —tronó el capitán—. Si no, os pasaré por la quilla. No os aguanto más, estoy harto.

Calvete agitó un brazo velludo. (Afortunadamente, era el suyo.)

—¡Tengo una idea!

Los demás piratas se quedaron de piedra. ¿Calvete tenía una idea? Calvete nunca tenía ideas. Calvete era simpático, fuerte y servicial..., pero no tenía ideas. Calvete les sonrió:

—¿Por qué no separamos las literas? Podríamos poner una cama en cada punta de la

habitación y así no discutirán por la litera de arriba o de abajo.

—Eres un chico listo, Calvete —dijo el capitán Parchete, muy impresionado—. Toma una de mis gominolas. Coge una amarilla, que no me gustan.

Todo el mundo subió al piso de arriba para ver cómo Calvete hacía el trabajo. Aunque se puso rojo como un tomate del esfuerzo, separó las camas y colocó una a cada extremo del cuarto.

—Ya está —dijo el capitán—. A ver cómo os peleáis ahora.

—¡Ésta es la mía! —Polly saltó triunfal sobre una de las camas, retando a Molly a decir que no.

Sin embargo, Molly sonrió dulcemente y se echó en la otra cama.

—¡Y ésta es la mía! —dijo, y los piratas de andar por casa sonrieron aliviados—. ¡Porque es mejor que la de Polly y la mejor cama del mundo!

Polly se puso en pie al instante, echando chispas:

—¡La mía es la mejor cama de la galaxia!... ¡No, del universo!

Parchete casi revienta. Sus ojos se volvieron dos finas ranuras y enseñó los dientes, resplandecientes como cuchillos. Sacó la espada y empezó a acercarse amenazador a las gemelas. De pronto, Calvete volvió a levantar el brazo velludo.

—¡Se me ha ocurrido otra idea! —gritó.

Los piratas gruñeron: aquello ya casi se estaba convirtiendo en una costumbre.

—Pongamos una de las camas en el piso

de abajo. Así Polly y Molly no se verán por la noche.

—Estupenda idea, Calvete —dijo el capitán Parchete—. Toma, otra gominola amarilla.

Por desgracia, por mucho que lo intentaron, los piratas de andar por casa no consiguieron sacar la cama de Polly por la puerta. Probaron incluso por la ventana, pero tampoco tuvieron éxito. Al final se rindieron, y el capitán se enfurruñó, porque creía que el verdadero problema era que la casa resultaba demasiado pequeña para ellos.

—Tres habitaciones no nos bastan —refunfuñó.

—Pues tú tienes una para ti solo —dijo Tropezón, quejoso—. Los demás la compartimos. Tú eres el único con un cuarto para ti.

El capitán Parchete se puso como un pimiento y cambió en seguida de tema.

—Bueno, están a punto de cortarnos la luz. ¿Os dais cuenta de lo grave que es? Lo que necesitamos es un tesoro. Si lo tuviéramos, podríamos pagar la factura de la luz y... —Parchete sonrió con astucia— comprar una casa grande, de cinco habitaciones.

A los demás piratas les gustó la idea de la casa nueva, pero era difícil encontrar un tesoro. No era algo que se dejara por ahí... Por eso Tropezón Lawson se quedó tan sorprendido cuando encontró el mapa de un tesoro en un armario de la cocina. Estaba buscando algo útil, como las galletas de chocolate, cuando lo halló en el fondo de un tarro de mermelada.

(En realidad no era un mapa. Mucho antes de que los piratas de andar por casa llegaran

al número 25 de la calle Delfín, la bisabuela Parchete decidió arreglar su jardín y apuntó las flores que quería en un trozo de papel, para comprarlas en un vivero: 40 orquídeas, 35 narcisos y 10 alelíes.)

—¡Mirad, el mapa de un tesoro! —gritó Tropezón, y extendió con cuidado el mapa en la mesa de la cocina.

Los demás piratas arrugaron la nariz y se preguntaron qué significaría aquello.

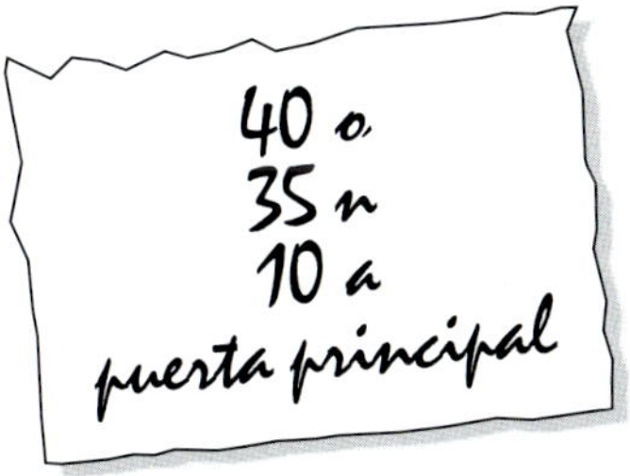

El capitán Parchete se estiró con fuerza de la barba, juntando las cejas en un fiero gesto.

—Son las direcciones —anunció—. Hay que empezar a contar desde la puerta principal.

Los piratas le rodearon muy excitados. ¡El mapa de un tesoro de verdad! Sus ojos brillaban cada vez más. Y estaban cada vez más boquiabiertos, lo que fue mala suerte, porque Calvete empezó a babear. (Casi siempre babeaba cuando pensaba en oro, joyas y monedas.)

—¿Qué es 40 o? —preguntó Polly.

—¿No lo sabes? —se burló Molly.

—Pues dilo tú —retó Polly a su hermana.

—Significa... ¡osos! —exclamó Molly, diciendo lo primero que se le ocurrió que empezara por «o».

—¡Cuarenta osos! —rugió el capitán Parchete—. ¿Qué tesoro es ése? ¡Es la «o» de Oeste! Significa 40 oeste.

—¿Y 35 n? —preguntó Calvete.

—Es la «n» de Norte. Es decir, 35 norte —dijo el capitán Parchete—, y luego 10 hacia abajo. O sea, contando desde la puerta principal, 40 pasos al Oeste, 35 pasos al Norte y cavar unos 10 pasos hacia abajo. ¡Vamos, adelante!

Los piratas cogieron las instrucciones, buscaron algunas palas y picos y corrieron a la puerta principal.

—¡Por aquí! —gritó Parchete, consultando la brújula.

Los piratas cruzaron el jardín hacia el Oeste. Luego se dirigieron al Norte a través de la cocina, saltaron el muro y entraron en el bonito jardín de la señora Bisop.

—¡Treinta y tres, treinta y cuatro, y treinta y cinco! —gritó el capitán, de pie en medio

de un espléndido arbusto florido—. ¡Comenzad a cavar!

Empezaron a volar por todas partes plantas y tierra. El agujero era cada vez más hondo, y las flores de la señora Bisop volaban cada vez más alto, a medida que los piratas las arrancaban.

—¿Nadie encuentra nada? —preguntó el capitán, impaciente.

—Yo, algunos gusanos —dijo Molly.

—Yo, más gusanos que tú —murmuró Polly.

—Yo tengo un zapato viejo —gritó Calvete—. ¡Ah, es el mío!

—Pues yo tengo dolor de espalda —gruñó Tropezón.

En ese momento, se oyó un terrible alarido y la señora Bisop salió de su casa todo

lo rápido que pudo apoyándose en un bastón.

—¡Aaaah! ¿Qué hacéis con mi precioso jardín? ¡Estúpidos piratas! ¡Largaos inmediatamente!

Estaba tan enfadada que atacó con el bastón a los piratas, que huyeron a toda prisa.

—¡Ayyy! —gritó Calvete, cuando le dio en el trasero.

Los piratas saltaron el muro como pudieron, entraron a toda velocidad en su casa, se encerraron con llave y corrieron las cortinas.

—¡Buf! —suspiró Tropezón—. ¡Hemos escapado por los pelos!

—Yo no —murmuró Calvete, frotándose el trasero.

El capitán examinaba el mapa arrugado.

—Me parece que no hemos contado bien

—dijo—. No pueden ser pasos, sino pies. Vamos, de vuelta a la entrada principal.

Los piratas salieron y volvieron a empezar, aunque ya estaba oscureciendo. El capitán contó con cuidado cada paso:

—Treinta y tres, treinta y cuatro, y treinta y cinco. Aquí, cavad.

Los piratas de andar por casa miraron a su jefe.

—Pero, capitán, estamos en medio de nuestro trastero.

—¡Pues aquí está el tesoro también! —gritó Parchete—. ¡Cavad!

Se pusieron manos a la obra: tiraron los muebles por la ventana, levantaron la alfombra y los tablones. Después comenzaron a cavar.

Al poco rato habían hecho un profundo

agujero y un montón de polvo y cascotes a su alrededor.

—¡He encontrado algo! —gritó Tropezón Lawson—. ¡Mirad!

El capitán Parchete se metió en el agujero y limpió el polvo del objeto hasta que quedó a la vista una gran caja negra de metal. Se hizo un silencio sepulcral en el cuartito.

—Mirad, chicos —susurró el capitán, con los ojos brillantes—. Es el tesoro. Hemos encontrado el tesoro. ¡Se acabaron nuestros problemas! Pásame el pico, Molly. ¡Veamos qué nos depara la suerte!

Parchete cogió el pico, lo levantó bien alto y lo estrelló contra la gran caja del tesoro.

¡Menuda explosión!

De la caja salieron chispas y unas llamaradas terribles.

Los piratas de andar por casa saltaron por los aires, rebotaron en el techo y volvieron a caer en el agujero, uno encima de otro. Ladrillos y yeso, polvo, tablones y trozos de alfombra volaban por la habitación en un violento torbellino, golpeando a los pobres piratas.

Se abrieron grandes grietas en la pared que corrieron en zigzag por el techo. Surgían en todas las direcciones y se ensanchaban cada vez más. Y cuando los piratas ya pensaban que se acababa el mundo, se hizo un gran boquete en el techo y la cama de Polly aterrizó sobre sus cabezas.

—¡Aaauu! —gritaron los cinco a la vez, desde el fondo del pozo humeante.

Los vecinos de la calle Delfín salieron corriendo de sus casas para ver por qué se ha-

bían apagado todas las luces y farolas de repente, y miraron al número 25.

Las ventanas se habían quedado sin marcos. La puerta colgaba de una bisagra. La chimenea (con la bandera pirata a jirones) había salido disparada hacia el cielo como un cohete antes de hacerse añicos contra el suelo. Las tejas se deslizaban por el tejado y se estrellaban en el jardín, delante y detrás de la casa.

En el interior del número 25 de la calle Delfín, la gran caja negra ardía, y soltaba un humo negro y asfixiante.

—No era el cofre de un tesoro —dijo Molly, dándole una patada y tosiendo, enfadada—. Era la caja de un empalme eléctrico y nos acabamos de cortar la luz nosotros mismos.

—Es verdad, eso hemos hecho —convino Polly.

Las gemelas se miraron horrorizadas. ¡Estaban de acuerdo en algo!

Calvete suspiró hondo:

—No me gusta la oscuridad —se lamentó—. Me da miedo, y tengo un chichonazo en la cabeza, donde me ha caído la cama de Polly, y un cardenal en el trasero, y algo puntiagudo se me ha clavado en la espalda. Creo que voy a morirme.

Tropezón Lawson se acercó a gatas a su amigo.

—Inclínate hacia delante para que lo vea —dijo, mirando la espalda de Calvete—. Bueno, no te vas a morir. Sólo es una lata vieja.

Tropezón sacó de los escombros una lata abollada. Al hacerlo, la tapa se soltó y salió un fajo de papeles sujetos con una goma.

—¡Dinero! —chilló el capitán Parchete, co-

giendo el fajo y rompiendo la goma—. ¡Dinero, dinero, dinero!

Lanzó los billetes por el aire, y éstos llovieron suavemente sobre los piratas cubiertos de hollín.

—¡La bisabuelita debió de esconderlo aquí hace años! ¡Somos ricos, chicos! ¡Podemos pagar la factura de la luz y arreglar todos los desperfectos y comprar...!

—¿...Un gran pastel de chocolate? —sugirió Tropezón, ilusionado.

—Claro: un gran pastel de chocolate —concluyó el capitán.

—Mirad, incluso hemos conseguido bajar la cama de Polly —dijo Calvete con una risita, señalando la abollada cama que había caído de canto.

Polly la puso bien y se echó encima:

—Esta noche duermo en el piso de abajo.

—Yo duermo en el de arriba —bostezó Molly.

Las dos estaban demasiado cansadas para discutir.

El capitán Parchete se quedó echado sobre un montón de escombros y suspiró satisfecho. Recogió unos cuantos billetes de mil.

—Dinero, por fin —murmuró—. ¿Y sabéis una cosa? Creo que hemos conseguido un tesoro mejor que el dinero.

Los piratas de andar por casa miraron a su jefe asombrados. ¿A qué se refería? Parchete les sonrió desde la penumbra de la habitación destrozada.

—Mirad a las gemelas. Parecen dos niñas buenas. ¡Ahora sí que tenemos dos joyas!